DÉCADENCE

DE LA

TAPISSERIE

A ARRAS

DEPUIS LA SECONDE MOITIÉ DU XVᶜ SIÈCLE

Lettre à M. LORIQUET, archiviste du Pas-de-Calais

Membre de la Commission historique

PAR

A. GUESNON

LILLE

IMPRIMERIE LEFEBVRE-DUCROCQ

1884

DÉCADENCE

DE LA

TAPISSERIE

A ARRAS

DEPUIS LA SECONDE MOITIÉ DU XVᵉ SIÈCLE

Lettre à M. LORIQUET, Archiviste du Pas-de-Calais

Membre de la Commission historique

PAR

A. GUESNON

LILLE

IMPRIMERIE LEFEBVRE-DUCROCQ

1884

L'objet qu'on se propose est l'examen critique d'une thèse
soutenue par M. le chanoine Van Drival, secrétaire-général de
l'Académie d'Arras, président de la Commission historique du
Pas-de-Calais, dans ses diverses publications relatives à l'histoire
de la fabrication locale des tapisseries de hautelisse.

M. Van Drival prétend démontrer « *la persistance de l'industrie des tapisseries jusqu'au moment où les manufactures
d'Arras devaient avoir pour héritière de leur gloire la
manufacture royale des Gobelins* » — ou encore, jusqu'au
« *siège de 1640, époque véritable de la ruine de nos
manufactures* [1]. »

« *En effet*, écrit-il ailleurs[2], *lors du siège d'Arras par les*

---

1 *Mém. de l'Acad. d'Arras*, 1863, XXXV, 179, 180.

2 *Les Tapisseries d'Arras*, 1864, 168. — Comparer *Docum. concern. les
Tapiss. de haute-lice*, dans les *Mémoires* ci-dessus, 1877, 2ᵉ série, t. ix.

Français en 1640, il y avait encore 1,500 métiers dans la ville : ce siège les réduisit à sept ou huit.... C'est donc à ce siège qu'il faut fixer la destruction de nos fabriques de tapisseries. »

Telle est la thèse.

L'auteur a-t-il fait la preuve ? C'est là la question.

Est-il vrai que l'industrie des tapis de hautelisse soit restée en vigueur à Arras pendant tout le seizième siècle et jusqu'au siège de 1640 ?

MON CHER ARCHIVISTE,

La question que vous voulez bien me soumettre m'a été posée déjà, il y a vingt ans, par M. Proyart, qui la traita alors, et fort judicieusement, dans les *Mémoires de l'Académie d'Arras*[1]. Aussi je vous avoue que je la croyais définitivement enterrée. Puisqu'elle surgit de nouveau, à propos de votre intéressant mémoire sur les anciens inventaires des tapisseries de l'abbaye de Saint-Vaast, je ne demande pas mieux que de la discuter à mon tour.

§ I.

Inutile de vous dire que mon opinion reste la même. Je suis plus que jamais convaincu que l'industrie des tapis de hautelisse d'Arras s'est éteinte avec l'occupation française qui suivit l'invasion de Louis XI. Après avoir eu, en quelque sorte, le monopole de ces œuvres d'art pendant près de cent cinquante ans, la capitale de l'Artois vit, dès le milieu du quinzième siècle, la vogue s'éloigner d'elle et passer insensiblement à d'autres villes, Lille, Tournai, Bruxelles, qui ne tardèrent pas à se partager ses dépouilles.

---

1 M. l'abbé Proyart, *Recherches hist. sur les anc. Tapiss. d'Arras*, mêmes *Mémoires*, XXXV, 145.

Fait caractéristique, et jusqu'ici inexpliqué, ce fut à l'atelier tournaisien, et non aux ouvriers d'Arras, qu'en 1449 Philippe-le-Bon confia l'exécution de sa fameuse tapisserie de Gédéon, la merveille du genre. Et cependant toutes sortes de motifs auraient dû, ce semble, assurer la préférence à celle des deux villes où son intermédiaire, Mre Jean Aubry, valet de chambre et garde de la tapisserie du duc, était alors en résidence obligée [1], à celle-là surtout à qui

1 Mre Jean Aubry, garde de la tapisserie du duc à Arras, se fit recevoir à la bourgeoisie le 18 nov. 1439, et mourut en 1464; sa veuve, Jeanne Pisson, recréanta le 15 mai. Il avait eu pour prédécesseurs en titre d'office, à partir de 1385, Jean le Cambier, Jean de Neufport, Monnot le Pieretet de Faverny et Jean Prevost dit Fouet. Tous résidèrent à Arras, dans l'hôtel d'Ablainsevelle — *vulgo* Amboissevelle — acheté de Jean de Courcelles, en 1365, par la comtesse Marguerite, et réuni par elle à la châtellenie, dont il n'était peut-être qu'un démembrement. Cet hôtel était alors contigu à la maison du *Vies Mayeur*, avec laquelle il semble se confondre un peu plus tard.

C'est là, sur l'emplacement de la Salle des Concerts actuelle, rue Ernestale, que resta installé, pendant un siècle au moins, le dépôt de la célèbre tapisserie des comtes d'Artois. Elle remplissait deux grandes chambres, garnies d'armoires fermant à clé, l'une sur la rue pour les hautelisses, l'autre sur la cour pour les draps d'or et de soie. Le garde de la tapisserie couchait dans cette dernière.

Il y avait à la Cour-le-Comte une autre chambre des tapisseries et joyaux, où Jacques de Bresilles déposait, à l'occasion, les « bagues » confiées à sa garde. On l'appelait aussi la « chambre aux longnes. » Elle était au-dessous de la « chambre de parement » et tenait à celle du Petit Conseil. Une voûte de pierre y fut construite en 1440, pour prévenir le péril d'incendie, comme on l'avait fait déjà pour la chambre des chartes, comme on le fit plus tard pour les papiers du greffe.

L'hôtel d'Ablainsevelle comprenait, entr'autres dépendances, greniers, écuries, cuisine, plus un jardinet non utilisé, qui fut vendu en 1433 à M^{re} Ph. Maugart, conseiller et maître des requêtes, propriétaire de l'immeuble adjacent. Outre la porte d'entrée sur la « rue de Darnestal », on y accédait par la cour du châtelain, aujourd'hui la Salle du Théâtre. En 1470, l'ancien garde-meuble fut loué pour trois ans à Anthoine de Croix, puis arrenté à messire l'h. de la Thieulloie, chevalier, sieur de Souastre, pour 19 livres paris. de rente annuelle. Les échevins la reprirent de celui-ci, en 1478, aux mêmes conditions et avec autorisation de Louis XI. La charpenterie de la ville y fut alors transférée, l'ancienne ayant été englobée dans le château-fort nouvellement construit au-devant de la porte Saint-Michel. *Cart. de la comm. d'Arras*, 231, 319, 320; et Arch. du Nord, *Comptes du domaine*, passim.

revenait l'insigne honneur d'avoir fourni l'auteur des cartons, le premier peintre de tapisseries de l'époque . ¹

La raison de ce choix inattendu nous est donnée par les révéla-tions d'une requête de 1456, où les échevins se plaignent au duc de ce que « les marchands et ouvriers de haulte liche et de sayes sont allez demourer en aultrez villes, comme Valenciennes, Tournay, Bergues et autres ². » L'émigration, et elle ne datait pas d'hier, avait donc pris déjà des proportions alarmantes. La décadence commen-

---

1 Quelle est la patrie de Baudin de Bailleul, le peintre des cartons de la tapisserie de Gédéon ? M. Pinchart, dans ses notes sur *les anciens Peintres flamands* de Crowe et Cavalcaselle, édit. franç., II, 246, pense qu'il résidait à Arras. Cette conjecture est fondée sur le compte de la recette générale de 1419-1420, qui le mentionne *comme ayant travaillé* aux préparatifs du service solennel de Jean-sans-Peur à Saint-Vaast. C'est une présomption, ce n'est pas une preuve.

En effet, Jean Gannet, peintre ignoré, que ces mêmes comptes citent en 1454 à l'occasion des préparatifs faits à Lille pour le *Vœu du faisan*, pourrait être, au même titre, revendiqué par cette ville comme peintre lillois, et j'ai la certitude qu'il était d'Arras.

J'en pourrais dire autant de Jacques Daret, dont la présence à Lille est également signalée dans cette circonstance. Or, dès 1441, Daret peignait, pour l'abbé de Saint-Vaast, les patrons de la tapisserie de la Résurrection, « *pour lors* demourant à Arras », où il occupa, de 1446 à 1458, la maison de l'*Escuirie*, près de la Cour le Comte. Jacques Daret n'était donc pas Lillois. Était-il d'Arras ? Pas davantage. Son nom indique un Tournaisien.

D'où il résulte que, jusqu'à plus ample informé, l'on en est réduit aux *conjectures, ou aux affirmations gratuites*, sur les éléments mêmes de la biographie de cet autre grand artiste si peu connu, qui se nomme Baudin de Bailleul.

J'ai depuis longtemps en portefeuille un certain nombre d'indications qui permettront, j'espère, de reconstituer sa personnalité et d'établir catégoriquement les droits d'Arras à cette illustration.

2 Les archives d'Arras ont conservé de cette requête une copie du temps sur papier. La pièce n'est pas datée, mais la mention faite par les échevins du « second aide touchant la Turquie..... dont ils sont *constraints* », ne permet pas de douter qu'il soit ici question de l'aide que les états d'Artois accordèrent en 1455 à Philippe le Bon « ou cas, comme dit J. du Clercq, qu'il iroit sur les Turcs ; et leur leva-t-on par *constrainte* du duc, nonobstant qu'il n'allât nulle part », J. du Clercq, *Mémoires*, liv. III, ch. IV.

çait : elle ne devait plus s'arrêter [1]. Aussi voit-on, à partir de ce jour, Lille, Tournai, Bruges, Bruxelles se disputer les commandes de Philippe le Bon : Arras a perdu la clientèle.

Charles le Téméraire était tout à la guerre. Ses demandes sans fin d'hommes et d'argent ruinaient la ville et désaffectionnaient la bourgeoisie; elles préparaient les voies aux prochaines négociations de maître Jean de la Vacquerie, l'instrument de Louis XI et son complice [2]. Plus de joûtes, plus de fêtes. La Cour-le-Comte tournait à

[1] L'émigration avait doté Arras d'une industrie nouvelle. A peine y avait-elle pris racine que déjà l'émigration la propageait ailleurs. Les premiers noms que l'on rencontre au début de la hautelisserie à Tournai, à Lille, comme en Italie, à Mantoue, à Venise, à Sienne, sont des noms d'ouvriers artésiens. La vie nomade des marchands d'alors facilitait singulièrement ces transplantations. Les villes les sollicitaient et les encourageaient, les seigneurs les favorisaient. Le renom universel de l'atelier d'Arras en fit, de la première à la dernière heure, le point de mire de toutes les convoitises.

Il n'est pas jusqu'à ce perfide duc de Bretagne qui, tout en poursuivant auprès de Louis XI les négociations du traité juré et publié à Arras le 2 août 1477, ne profitât de l'occasion pour y faire embaucher par ses ambassadeurs quelques ouvriers de hautelisse. « Le Duc establit » encore à Rennes une autre manufacture considérable qui fut celle de » la tapisserie, faisant venir pour cela des tapissiers d'Arras, et les » establissant dans la capitale de la province, avec d'amples privilèges » qu'il leur accorda le 17 de novembre (1477) ». — D. Lobineau, *Hist. de Bret.* I, 731.

J'ai recherché autrefois ces titres de fondation, dans l'espérance d'y retrouver les noms des hautelisseurs artésiens. Un inventaire des archives de Nantes, par Des Rozières, conservé à la bibliothèque de Rennes sous le nº 192, m'avait fourni l'extrait suivant du *Livre de la chancellerie* commençant le 1er Janvier 1477 : « Établissement d'ouvriers » de tapisserie venus de la ville d'Arras, et plusieurs franchises et pri- » vilèges à eux accordés en la ville de Rennes. » D'après M. Ramet, archiviste de la Loire-Inférieure, auquel je m'étais adressé en 1863, « le registre de la chancellerie de l'année 1477 ne donne pas ces lettres » patentes, et les documents en question appartenaient sans doute à un » ancien fonds *Turnus* et *Brutus* dont les titres ont presque tous dis- » paru ». Peut-être les a-t-on retrouvés depuis.

[2] La ville d'Arras ne s'est-elle pas quelque peu hâtée en baptisant une de ses places du nom de ce personnage équivoque ? Il fut trop magnifiquement récompensé pour n'avoir pas rendu toutes sortes de services : Commines fait assez entendre ce qui se passa au Mont-St-Éloy. D'ailleurs ses achats de biens confisqués ne donnent l'idée, ni d'une grande

l'arsenal et à la caserne. Dans ses rares visites, le duc s'installait, par défi, à la Cour-l'Évêque en Cité, domaine et gîte du roi. En même temps, l'hôtel d'Ablainsevelle perdait le dépôt séculaire de la tapisserie ducale, dont une partie allait prendre, comme on sait, le fatal chemin de Granson, où elle resta 1.

Mais ce fut bien autre chose avec l'occupation française. La transportation en masse des ouvriers mit le comble au désarroi. Pour un temps, Arras n'eut plus ni draperie, ni sayetterie, ni hautelisseurs : Louis XI avait fait le vide.

On peut affirmer sans témérité que ce fut là le coup de grâce pour la manufacture d'Arras. Elle était morte, si bien morte qu'au moment de la réorganisation le roi n'essaya même pas de la ressusciter. Tous les efforts de la colonie, des ménagers, comme on les appelait, se portèrent uniquement vers la draperie et la sayetterie 2.

La paix signée, les sayetteurs rentrèrent aussitôt de « Paris et d'autres lieux où le Roy nous avait envoyés, » ainsi parle l'un d'eux 3, et la corporation se reconstitua. Encore ne revinrent-ils pas tous ;

délicatesse, ni d'un désintéressement fort héroïque. Inutile d'encourager les diplomates de cette trempe, ils ne manqueront jamais. Si j'avais eu l'honneur d'être le parrain, j'aurais préféré le grand artiste au politique suspect, Baudin de Bailleul à celui qui signait *Le Vacrie*.

1 Le duc logea à l'évêché lors de sa première entrée à Arras en 1469. Trois ans plus tard, c'est encore à la Cour-l'Évêque en Cité, et non à la Cour-le-Comte, qu'il va s'installer avec toute sa suite « pour y tenir estat » aux fêtes de Pentecôte 1472. *Mémor*. IX, 36-39-82.

2 Aux drapiers envoyés de Tours et d'ailleurs il convient d'ajouter le contingent d'Elbeuf, d'après des documents inédits sur le repeuplement de Franchise, analogues à ceux que les archives de Troyes ont fournis aux *Mém. de l'acad. d'Arras*, XXXVIII, 1867.

3 Note manuscrite de Martin Boucaut, dit Gerne, mayeur de la confrérie des sayetteurs en 1483. A leur retour de Paris, les sayetteurs voulurent continuer certaine manufacture de sarges et courtines en filé d'Auvergne que le prévôt des marchands avait autorisée « lorsque » les sayetteurs et aultres plusieurs marchands de ceste ville demou- » roient et se tenoient en la dicte ville de Paris par l'ordonnance du » feu Roy Loys, et avant que les dicts sayetteurs bourgois et mar- » chans fussent renvoyez en ceste ville. » Les échevins s'y opposèrent. — *Rég mémor*. X, f° 37.

Amiens et Lille n'en rendirent guère [1]. Quant aux hautelisseurs, j'entends les ouvriers et non pas les marchands, on ne les revit plus ; la Flandre les garda. L'enseigne traditionnelle de leur métier, recueillie par les sayetteurs, abrita une confrérie nouvelle [2], une extension du « style » de la sayetterie.

[1] Voir la liste de quarante-sept sayetteurs d'Amiens dans une requête de juin 1480, Aug. Thierry, *Hist. du Tiers-État*. II, 379.

La sayetterie de Lille fut établie dès 1479, bien que les lettres patentes portent la date de Bruges 21 déc. 1480. Voici un extrait du compte de la hanse, 1478-79, qui nous édifie sur les tentatives d'embauchage dont les ouvriers émigrés d'Arras furent l'objet :

« Aux compaignons commis à le xx^{ne} et à l'office de le sayetrie en
» ceste dicte ville, que par eschevins leur a esté ordonné pour estre et
» eulx tenir en récréation ensamble avecq les autres sayeteurs à pré-
» sent résidens en icelle ville, pour recongnoisance de ce qu'ilz ont eu
» et prins grant soing paine et dilligence de atraire pluiseurs des dis
» sayeteurs à venir résider eu ceste dicte ville, et aussi ont baillié en
» gros l'avertissement des poins et articles pour faire les estatus et
» ordonnance d'icelle sayetrie, selon que l'on se regloit en la ville de
» Arras, pour ceste fois xii liv. »

[2] La Transfiguration devait être à Arras, comme elle l'était à Lille, Tournai, Lannoy et autres villes tapissières, la fête du métier des hautelisseurs. Le symbolisme ne pouvait mieux choisir. Tertullien disait déjà : ..... illis regis velis quæ vos operose resoluta *transfiguratis*. (*De vest. femin.*)

Cette confrérie existait certainement dès le quinzième siècle, témoin une clause du testament de Mahieu le Lateur, prêtre coustre de Saint-Nicholas-sur-les-Fossés, frère de Pierre, bourgeois d'Arras, *hautelisseur* à Lille : « Item, et pour faire célébrer ung obict que nous avons ensemble ordonné nous confrères de la *Transfiguration*..... xx. s.» L'acte est daté du 1er nov. 1498.

D'où il résulte que les lettres du 12 mai 1500 publiées par M. Deschamps de Pas (*Bu¨. des Ant. de Morinie*, 18e ann. 1869) contenant réglement d'une confrérie de sayetteurs sous ce même vocable, en l'église Ste-Croix, ne constituent pas une création, mais une réorganisation, peut-être une translation. Un règlement de la marchandise de la sayetterie du 29 juin 1497 parle en effet de *la chappelle de nouvel instituée*, pour l'augmentation de laquelle chaque nouvel apprenti devra désormais 5 s. *Mémor.* XI, 37.

La confrérie des sayetteurs, qui siégeait autrefois à la Thieulote, avait été transférée à la Chapelette-au-Jardin en 1437.

La plus ancienne confrérie du tissage est celle de la paroisse Sainte-Croix :

De frère de St Jake à ce caperon grant.

(XIIIe siècle.)

§ II.

Telle est à grands traits l'histoire de la décadence des hautelisses d'Arras. A défaut d'autres témoignages, l'examen des *Registres de Bourgeoisie* permettrait de la suivre dans ses différentes phases, et même de la reconstituer, du moins à partir de 1424, puisque le premier volume de la série, commençant en 1396, a disparu depuis moins d'un siècle, sans que personne ait jusqu'ici soupçonné cette perte lamentable. C'est donc du second volume et des suivants qu'ont été extraites les listes plus ou moins exactes de tapissiers et hautelisseurs publiées jusqu'à ce jour, notamment celle que M. l'abbé Van Drival a insérée dans les *Mémoires de l'Académie d'Arras* et ailleurs, en 1877.

Cette liste comprend soixante-dix noms — chiffre que, par parenthèse, on pourrait aisément doubler en se renfermant dans les mêmes dates extrêmes, et tripler en comblant les lacunes antérieures. Or, sur les soixante-dix noms publiés, quarante-trois sont fournis par la première période de vingt ans (1423-1442), quatorze par la période suivante (1443-1462), cinq par la troisième (1463-1482). Quant aux huit qui restent, ils s'espacent de loin en loin sur tout un demi-siècle (1483-1534), après quoi plus rien.[1]

Voilà une statistique décroissante qui ne peut être accusée de parti pris : on m'en fournit les éléments, dates et chiffres, et je les accepte de confiance. Non pas cependant que j'aille jusqu'à reconnaître dans chacun de ces soixante-dix bourgeois un « *artiste* » et un « *maître* ». On a lu *maistre bourgois* partout où le texte porte *nostre bourgois*, ce qui est tout différent, ensuite on a généralisé cette fausse qualification : double erreur, et de paléographie et de méthode. Il est au contraire incontestable que le langage du temps, comme le nôtre, comprenait sous une même appellation générique les professions qui se rattachent à la vente aussi bien qu'à la fabrication, et que ces professions diverses sont indifféremment représentées dans la nomenclature.

Car, il faut ici le remarquer, rien ne prête à l'équivoque comme ces mots de *tapis, tapisserie, tapissier, hautelisse, hautelisseur,* dont les uns désignent, tantôt le marchand ou le courtier, tantôt l'entre-

---

1 Comparez les chiffres donnés page 32.

preneur ou l'artisan, quelquefois le simple rentrayeur ou ie serviteur
à gages, tandis que les autres, changeant de signification à mesure
que les usages et la fabrication varient, finissent par s'appliquer,
selon le temps et le lieu, aux tissus les plus dissemblables quant à la
matière, au mode de production, à la destination, au prix de vente et
à la valeur artistique. Tapis nostrés et tapis sarrazinois, marcheterie
et hautelisse, sayettes et bourgettes, tentures et marchepiés, sarges
et camelots, broderies au plumetis ou au point de Gobelins, tombent
pêle-mêle sous l'appellation élastique de tapisseries. De là une con-
fusion perpétuelle, source de toutes sortes d'erreurs et de malen-
tendus. La définition préalable des termes domine, ici comme ailleurs,
la plupart des controverses relatives à l'histoire de l'industrie.

Mais laissons de côté, pour le moment, les catégories à établir en
vue d'une classification professionnelle ou technique. Il n'est ici
question que de l'ensemble, tel qu'il ressort d'un document spécial,
où le flux et le reflux industriel ont comme tracé périodiquement
leur ligne d'étiage. Un coup d'œil jeté sur le tableau comparatif ci-
dessus suffira, en dehors de tout système préconçu, pour constater
et suivre dans son progrès la décadence de la tapisserie d'Arras,
depuis le milieu du XV° siècle jusqu'à son extinction définitive.

Le croirait-on? l'opinion contraire a renversé ce raisonnement
pour les convenances de sa thèse. Partant de ce principe qu'il devait
y avoir des hautelisseurs à Arras, même et surtout quand les documents du temps n'en font plus mention, on a incriminé le silence des
documents. On a soutenu, sans rire, que « *cette absence apparente* de
réception de hautelicheurs ne prouve rien » ; que si les Registres de
bourgeoisie présentent des inscriptions de tapissiers de moins en
moins nombreuses, c'est que les clercs de l'échevinage négligeaient
de plus en plus d'indiquer les professions. On a dit son fait à l'insi-
gnifiance de leur rédaction « sans ordre, sans esprit de suite, *sans
caractère historique...* simple registre de finances, d'un positivisme
parfait... » Encore un peu, on leur réclamerait des dommages et
intérêts pour avoir omis d'enregistrer ces hautelisseurs *à priori*, qui
ne brillent que par leur absence aux yeux du chercheur désappointé.
Omission singulière en effet, suspecte d'hostilité *mystérieuse* à
l'endroit d'un corps de métier, et d'un seul, puisque l'on reconnaît
ingénument que ces mêmes clercs faisaient « exception pour la profession de sayeteur, *qui est très souvent mentionnée* » et que, d'autre

part, il suffit de feuilleter les Registres pour constater qu'ils faisaient également exception pour cent autres professions et métiers divers.

Mais l'aveu qui précède me suffit ; il rend superflue toute démonstration supplémentaire. J'en conclus donc, suivant les règles de la logique vulgaire, que, si les Registres de bourgeoisie continuent d'enregistrer des sayetteurs, alors qu'ils gardent le silence sur les hautelisseurs, c'est que la sayetterie persistait, tandis que la hautelisserie avait disparu. [1]

1 Le catalogue des hautelisseurs a été dressé une première fois d'après les *Registres aux Bourgeois* d'Arras, par M. Pinchart, l'historien autorisé de la tapisserie flamande, lors de cette trop courte visite qu'il nous fit en 1858, en compagnie de M. Wauters, le savant archiviste de Bruxelles. M. l'abbé Van Drival a de nouveau dépouillé ces registres, dont il a extrait la liste publiée simultanément, en 1877, dans les *Mém. de l'Acad. d'Arras*, 2e série, t. IX et dans la *Revue des Soc. sav.* t. IV, 6e série. L'auteur a joint à sa nomenclature des appréciations auxquelles sont empruntés tous les passages guillemetés de l'article ci-dessus. Rien de plus fantaisiste que ces critiques uniquement destinées à affaiblir l'autorité d'un témoignage incommode.

Les *Registres aux Bourgeois* renferment, pour toutes les époques, une mine inépuisable de renseignements précieux sur la noblesse, le clergé, la bourgeoisie, l'administration, les influences locales, les relations sociales, la condition des personnes, l'immigration industrielle, les arts et métiers, les professions diverses, etc., etc. A moins de pervertir le sens des mots, il faut donc reconnaître qu'ils possèdent le « caractère historique » au degré le plus éminent.

J'ajoute qu'ils sont tenus, quoi qu'on puisse dire, avec un ordre parfait. Il est inexact que l'année 1447 manque, car on lit au f° 100 v° la rubrique *De l'eschevinage commenchant à le Toussaint, premier jour de novembre, an XLVII.* Il est vrai que 1482, 1483 ne portent pas, comme auparavant, la rubrique du « renouvellement de la loi » ; mais cela tient simplement à ce que « la loi » resta en permanence et ne fût renouvelée qu'en mai 1484. Où donc est la trace de ce prétendu « désordre complet » ?

J'avoue que le parchemin, l'encre, l'écriture surtout laissent quelquefois à désirer. L'onciale d'un gothique, au lieu de cette cursive au jour le jour, aurait peut-être prévenu des accidents de lecture, dont plus d'un hautelisseur est sorti fort estropié. Ainsi Jeh. de Lattre est devenu Jeh. de *Laire* (1418); Anth. Truie s'est vu changé en Anth. *Coine* (1452); et la demiselle de Caucourt ne reconnaîtrait jamais le hautelisseur Jacq. Le Fort, son mari, dans ce Jacq. *Cosset* qui lui est substitué et lui ressemble si peu. C'est fâcheux, mais la faute en est-elle aux Registres si on ne sait pas lire ?

Pour ce qui est des professions, je ne les vois omises que pour les femmes, veuves ou filles, et aussi pour les récréances des enfants de

§ III.

A cette conclusion l'on oppose des faits, et d'abord un paiement effectué par l'argentier de la ville au profit du hautelisseur Jean de Villers, pour l'achat d'un drap de hautelisse présenté au maréchal d'Esquerdes, ainsi que le constate un compte de 1491 [1]. Assurément c'est là une objection spécieuse ; aussi je m'étonne qu'on n'ait pas encore relevé, pour la joindre à celle-ci, une autre commande tout au moins aussi intéressante, faite par les mêmes échevins au même marchand : je veux parler du nouveau « tapis de la ville » [2], destiné à remplacer l'ancien, outrageusement emporté, comme souvenir sans doute, par les « ménagers de Franchise. »

bourgeois où cette indication serait superflue Comparons : l'année 1425 donne, pour 112 articles, 83 professions ; l'année 1430, pour 95 articles, 67 professions ; l'année 1440, pour 141 articles, 85 professions ; l'année 1445, pour 116 articles, 71 professions ; l'année 1450, pour 124 articles, 82 professions ; l'année 1503, pour 205 articles, 113 professions ; l'année 1535, pour 134 articles, 95 professions ; l'année 1550, pour 176 articles, 112 professions, etc. On voit par là quel cas il faut faire de ces assertions que « à partir de 1441, on ne met plus aussi régulièrement la profession des récipiendaires », et qu'après 1502 « on ne la met presque jamais plus ». Ce qu'on ne met jamais plus, ce sont les hautelisseurs, par l'excellente raison qu'il n'y en a plus.

1 Je considère cette date comme fausse. Le compte qui a fourni à M. Van Drival le document en question ne peut être que celui de 1489 finissant à la Toussaint 1490. Monteil n'y regardait pas de près, et les « lettres d'or » de sa couverture ne font rien à l'affaire. Voir Van Drival, *Mém. de l'Acad.*, XXXV, 178, et *Tapiss.* d'*Arras*, p. 139.

2 Le *tapis de la ville* armoyé des armes d'Artois (*Mémor.* XI, 37), et sûrement de celles de la ville, servait ici, comme à Lille et ailleurs, à constater la présence officielle de l'échevinage lorsqu'il se réunissait autre part qu'à la halle pour quelque solennité extraordinaire. Ainsi tous les ans, le dimanche gras, on le tendait devant les fenêtres de la maison de la Baleine au Petit-Marché, d'où les échevins assistaient, comme d'une loge d'honneur, aux représentations, jeux et esbatements des sociétés joyeuses. Il en était de même aux réjouissances qui suivaient la première entrée des souverains ou des grands dignitaires, et aux autres fêtes exceptionnelles, à la franche foire, etc.
Ce tapis était précédemment confié à la garde des clercs de la ville, Charles Couronnel, et après lui Flourent Muette. Le nouveau tapis, dont il est ici question, servit, sans doute pour la première fois, le lundi

Commençons par noter que nous avons sous les yeux la dernière
mention connue d'une pièce de hautelisse donnée par les échevins.
Désormais ils n'offriront plus d'autres tissus que des « saies », même
à l'archiduc. N'est-ce pas là déjà, je vous le demande, l'indice frap-
pant d'un changement survenu dans la fabrication locale ?[1]

C'est ce qu'on ne veut pas admettre. La vente qui précède fourni-
rait au contraire une preuve irrécusable du retour de la hautelisserie
à son ancien état normal, et de la permanence d'une manufacture qui
n'aurait plus cessé de compter Arras comme centre industriel.

Je réponds que vendre et fabriquer sont deux ; que le magasin du
marchand et le métier de l'artisan ne s'abritent nécessairement ni
sous le même toit ni derrière les mêmes remparts ; qu'il s'agit donc
de savoir, non pas où Jean de Villers a vendu, mais bien où il a
acheté ou fait fabriquer les hautelisses vendues, et voilà justement ce
que l'argentier ne dit pas.

On suppose Arras ; pourquoi pas Tournai ? — Le vendeur habitait
Arras. — Sans doute, mais n'est-ce pas à Tournai qu'un certain

18 juillet 1491, lors des réjouissances publiques qui suivirent les répa-
rations faites en exécution de la sentence du Parlement sur le fameux
procès des Vaudois. *Reg. Mémor.*, X, 92.

Il ne faut pas confondre ce drap de parade avec les tapisseries de la
chambre échevinale, dont j'ai trouvé autrefois une très ancienne mention aux Archives du Pas-de-Calais, dans un fragment de compte en
rouleau de 1357. « Pour refaire les draps de hautelice de la cambre
» d'eschevins qui estoient deskiré, in quars d'escu », accident auquel
la sanglante émeute de 1356 pourrait bien n'avoir pas été étrangère. —
En 1489, on continuait de tendre la halle de draps de hautelisse les
jours de plaids ; Baudin Galet avait pris cette charge pour 23 sous par
an. Encore un *tapissier* qui n'a jamais fait de tapisseries.

1 Je trouve dans mes notes : Six sayes, trois rouges et trois jaunes,
offertes à Raoul de Lannoy, chevalier, sieur de Morviller, chambellan du
roi, 1490. — Six sayes au bailli de Lens, 1495. — Chambre de sayes à
M. de Bevres, lieutenant-général d'Arras, et à « Madame sa compaigne,
affin de captiver ledit seigneur », 1495. — Trois sayes à l'archiduc, à
son retour d'Espagne, 1503. — Demi-douzaine de sayes à Mons. le chan-
celier de Bourgogne, 1523, etc. — On trouve d'ailleurs des présents de
sayes avant cette époque, témoin la requête de Maître Jean le Gros,
audiencier du duc, qui, fidèle aux traditions de l'emploi, demande sans
vergogne aux échevins de vouloir bien lui donner, au nom de la ville,
« le furniture d'une cambre de sayes pour une chambre de se maison
» qu'il fait faire en le ville de Bruges, 1470. » *Comptes et Mém.*, IX,
X, XIII.

Jean de Villers [1] était allé naguères acheter des marchandises au mépris des prohibitions, délit qui le fit traduire en justice et condamner ? Affirmer que Jean de Villers avait un atelier à Arras par la raison qu'il y vendait des hautelisses, ce n'est pas démontrer, c'est supposer ce qui en est question.

Et quand même cette hypothèse aurait pour elle toutes les vraisemblances, qu'est-ce que cela prouverait encore ? Parce qu'une dernière colonne reste debout, l'édifice en est-il moins en ruine ? Suffit-il donc de quelques ouvriers, empruntés peut-être à un atelier étranger dans des circonstances spéciales, pour constituer tout un centre industriel ? Saint-Omer, par exemple, prendra-t-il rang parmi les villes tapissières le jour où j'aurai signalé à MM. les antiquaires de la Morinie certain métier de hautelisse fonctionnant en 1434 chez Pierre Dessinges ? [2]

Il en est d'Arras comme de Saint-Omer. Quand même la présence dans ses murs de quelque métier isolé serait dûment constatée, il n'en resterait pas moins certain que la hautelisserie était frappée de mort. Ce reste d'existence qu'elle semble retrouver après la catastrophe ne sera tout au plus qu'une dernière convulsion, un prolongement d'agonie.

Telle fut, partout et toujours, la fin des vieilles industries locales. Elles ne disparaissent pas soudain comme un décor de théâtre. On les voit se survivre à elles-mêmes, longtemps encore avant qu'elles

---

1 Il existait au moins trois Jean de Villers à Arras en 1490: 1° Jean de Villers, hautelisseur, fils de feu Guillaume, cônnétable de la milice bourgeoise, section de la porte Saint-Michel. *Mémor.* IX, 68, et XI, 17.— 2° Jean de Villers, sayetteur, qui vend cette même année un héritage, rue de Grauchon, à Thomas Maldenrée. — 3° Jean de Villers, viésier, le roi de Lyesse, dit *l'abbé des Trotinons.* — J'en passe deux, et des meilleurs, c'étaient des gens de loi. Lequel des trois est le Jehan de Villers, dit Buteux, condamné, toujours la même année, à 60 s. pour injures graves ? Lequel des quatre alla trafiquer à Tournai, pendant les hostilités de 1472 ? Au fond, il n'importe guère à l'argumentation.

2 Je profite de l'occasion pour envoyer ma note à l'adresse indiquée :

« *Dépense pour dons et courtoisie fais pour l'honneur de le ville* A plu-
» seurs ouvriers de haultes lices ouvrans en l'ostel Pierre Dessinges,
» receveur de Saint-Aumer (pour le duc), que nosseigneurs leur firent
» bailler en courtoisie, le xxix jour d'octobre l'an mil quatre cens et
» trente quatre, 8 s. monnaie courant. » — Arch. de Saint-Omer, *Compte de l'argentier.*

n'aillent se perdre dans ces ténèbres historiques qui enveloppent leur tombe, comme elles nous ont caché leur berceau. Peine stérile que de vouloir préciser les dates extrêmes de leur état-civil : il n'en existe pas pour les transformations journalières des arts industriels. La production de certains tissus hybrides, pour tentures et ameublement, continuera à Arras sous des noms divers ; mais qu'on n'y cherche plus celle des anciennes hautelisses historiées : elle a disparu avec l'occupation française.

C'est pourquoi, au lendemain de la reprise d'Arras, en 1492, lors de ce pillage méthodique organisé par les bandes allemandes, et enregistrées au jour le jour dans la déposition d'un témoin qui les a vues de près, on ne lit pas qu'il ait été question de rançonner les hautelisseurs. Seuls les drapiers, les lingiers, les sayetteurs restèrent sous la menace de leurs *visites* domiciliaires. [1] Et pourtant cette soldatesque avide n'avait que trop prouvé son goût transcendant pour les œuvres d'art. Les hautelisses des bourgeois auraient-elles eu moins de prix à ses yeux que leurs draps et leurs sayettes ?

Après le départ des Allemands et l'installation grotesque du chef de la conspiration, le boulanger Grisard devenu maire d'Arras, dans la résidence des ducs à la Cour-le-Comte, l'industrie dut aviser aux moyens de réparer ses désastres. La hautelisserie avait émigré sans retour ; il fallut bien en faire son deuil. On se rejeta sur la bourgeterie, alors florissante à Lille. Ce n'était autre chose qu'une extension de la sayetterie, un tissage en fils retors et basse lisse.

Il fut donc résolu que le procureur général de la ville et Robert Sacquespée [2] iraient dans cette ville *s'enquérir secrètement* des pro-

---

1 *Journal de D. G. Robert*, Arras 1852, p. 139 : « Le jour ensievant
» firent une guemaine dont ils volloient piller la ville, mais ils conclurent
» que le lendemain ils *visiteroient* les sayeteurs, drappiers, lingiers, pour
» prendre ce qui trouveroient. »

2 « Le xxvi⁰ de juing, IIIIᶜ. IIIIˣˣ. XVII, Mess. les eschevins en nombre,
» en la présence et par l'advis de Mons. le lieutenant et des officiers
» de Mons. l'Archiduc, sur la requeste présentée à Mons. le lieutenant
» et officiers de mon dit Sgr, comme et à Messrs mayeur et eschevins,
» de la part des quatre commis au régime et gouvernement du stil et
» mestier de la sayetrie en ceste dite ville, par laquelle requeste ils

cédés de fabrication (1497). C'est de là que date l'adjonction à la sayetterie de la manufacture des satins, ostades, ostadines, et tissus similaires. Elle coïncide avec l'établissement de la nouvelle confrérie dont j'ai parlé plus haut, et prendra peu à peu la place laissée vide par l'ancienne tapisserie.

§ IV.

Le seizième siècle nous ramène aux inévitables *arazzi* du Vatican, cet autre argument dont on a tant abusé. Quoi qu'en aient pu dire certains cicerone et catalogues surannés, il n'est plus personne aujourd'hui qui oserait contester à Bruxelles l'honneur d'avoir reproduit les fameux cartons de Raphaël. Les noms bien connus des Van Orley et des Coxcie suffisaient déjà pour trancher la question ; les recherches de M. E. Müntz y ont ajouté celui d'un troisième artiste flamand, Pierre Van Aelst, à la fois maître-tapissier de l'empereur et de Léon X, chargé de la direction technique de cette œuvre magistrale. La cause est donc entendue, le procès jugé.

Il faut bien avouer d'ailleurs qu'elle n'a jamais brillé par la rigueur de sa méthode, l'attribution d'un pareil travail à l'atelier problématique d'Arras, supposant gratuitement un point de départ auquel elle servait ensuite de démonstration ; hypothèse échaffaudée sur je ne sais quelles apparences analogiques, technologiques — voire étymologiques, comme si l'étymologie suppléait à l'art de vérifier les dates ! On pouvait dès ce moment s'attendre à voir confisquer, de proche en proche et de haute en basse lisse, toutes les productions de l'atelier

---

» requéroient de avoir permission de faire pas de satin, assavoir en
» chascune maison et ouvroir de sayetrie une estille.... Et pour ce que
» par lesdits officiers de mon dit seigneur et Mess. les eschevins a esté
» veue ledite requeste, ensamble l'advis de ceulx de l'office de la xxᵐᵉ qui
» est tel que ledite requeste estoit raisonnable, a esté ordonné que
» Robert Sacquespée et le procureur de la ville yront à Lille pour eux
» enquerre secrètement comment il font lesdits pas de satin en ledite
» ville de Lille, pour savoir si ce serait le bien de ladite ville et pour
» éviter la rompture de la sayetrie d'icelle ville. » *Mémor.* XI, 41.

flamand ; et en effet, le musée de Cluny a vu un commencement d'exécution. [1]

Arazzo vient d'Arras sans doute — plus évidemment qu'*alfana* d'*equus*, et que la rue du *Carnier* de *carmelinum* [2] — tout juste comme le *damasco* de Damas, comme le *tulle* vient de Tulle. Qui sait si, dans les profondeurs de l'avenir, quelque Limousin ultra-patriote ne viendra pas, lui aussi, soutenir, un Littré en main, que tous les tulles expédiés de Nottingham et de Saint-Pierre-lez-Calais, en l'an de grâce (v. st.) 1884, provenaient incontestablement des manufactures de plus en plus florissantes du chef-lieu de la Corrèze ? Une induction vaut l'autre.

Muratori [3] ne se laisse point entraîner ainsi dans son modeste article sur les *arazzi*, le *duagio*, le *damasco* et la *rensa*. Il ne dit que ce qu'il sait, mais tout ce qu'il dit est vrai ; et, ce qu'il sait le mieux, c'est qu'il n'en sait pas davantage : voilà le savant de la vieille école.

---

1 Je cite textuellement afin de faciliter les vérifications :

« Qui ne connaît au moins de nom les célèbres cartons de Raphaël, » exécutés en tapisseries *à Arras* ? — « Bernard Van Orley et Michel » Coxie en surveillèrent l'exécution qui fut confiée à une manufacture » d'Arras » — « Arras est, au moins, autant que les autres villes de » Flandre, désignée par l'expression générale de tapisserie de Flandre. » — « Pour les Italiens, *comme pour les Français du XVIe siècle*, la Flandre » est loin, fort loin d'exclure Arras. » — « Arazzo detto così dal fatto » nella *citta d'Arazzo.* » Van Drival, *Mémoires*, XXXV, 133, 182, 185, et *les Tapiss.* 154.

« Le Musée de Cluny, à lui seul, renferme une quantité considérable » de tapisseries d'Arras de cette époque. » (XVIe siècle) — Suit l'indication de dix-huit pièces. — *Les Tapiss.* p. 165. « Il est conforme à » toutes les règles établies en fait de preuves historiques d'admettre » que ce sont bien des tapisseries d'Arras. *Le système d'après lequel elles* » *sont exécutées* (?) indique d'ailleurs cette même origine. » *Mémoires,* ibid. 184.

2 Voir *Cartul. de Guimann,* édit. Van Drival, 1875, p. 452, l'étymologie de la rue du Carnier, avec extraits de Du Cange à l'appui.

3 Muratori, *Ant. Ital.* — Diss. XXV. *De text. et vest.*

§ V.

A mon tour je m'aperçois que les *arazzi* m'entraînent un peu loin. Hâtons-nous donc d'arriver à l'examen du troisième argument appuyé cette fois sur des titres authentiques. Il s'agit d'un double sauf-conduit délivré, en juillet et août 1553, à Jean et Gérard Herlin [1], Pierre Vignon, Eloi et Bonaventure Gontier, marchands d'Arras, pour pouvoir transporter en France, entre autres choses, deux cents paquets de tapisseries [2].

Il est regrettable qu'on ne nous donne de ces documents qu'une analyse, sans date de lieu. Mais qu'à cela ne tienne ; les trafiquants dont ils font mention ne sont pas aussi inconnus qu'on pourrait le croire. Ces riches familles bourgeoises du Grand-Marché, de la rue de la Housse et de la rue des Balances, ont laissé d'autres traces que celles-là dans les papiers du temps. Moitié banquiers, moitié facteurs, entreposeurs et « hostellains », où donc voit-on des tapissiers et des hautelisseurs ? C'étaient des marchands de vins, j'ai l'inventaire de leurs caves pour cette année même !

Ils chargeaient en l'estaple d'Arras leurs arrivages, sous sauf-conduit, d'Auxerre, Beaune, Orléans, à destination de Bruxelles, Malines, Anvers ; là, ils prenaient, en marchandises de toute nature,

---

1 La famille Herlin était très étendue. On rencontre au moins une quinzaine de bourgeois de ce nom dans ce quart de siècle (1521-1553). Jean Herlin et son fils Michel, successivement appelés à l'échevinage, faisaient le commerce des vins. Ce dernier devint argentier de la ville. Ils habitaient la maison des *Balances* dans la rue qui porte ce nom. *Mémor.* XIII, 57, 341.

Les Vignon possédaient *la Rose* et *les Caillaux* devant St-Géry, *le Constantin*, *l'Angèle*, etc. Jean Vignon fut procureur général de la ville. Pierre Vignon fit entrer cette année, pour sa part, deux cent quatre-vingt-seize barriques de vin ou demi-queues, équivalant à soixante-quatorze tonneaux.

Eloy Gonthier, le propriétaire de *la Housse*, du *Griffon Volant*, du *Grand Aignel* (aux boves historiques) ne faisait pas un trafic moins important. Il encavait jusqu'à soixante tonneaux en un seul trimestre. Les celliers de *la Housse* et de *l'Hermite* étaient loin de lui suffire ; il en occupait quatre autres au Grand-Marché. Arch. du N. *Ch. des C. A. 16.*

2 Van Drival. *Les Tapiss. d'Arras*, p. 165.

y compris des tapisseries, un fret de retour avec laisser-passer pour
la France ou la Bourgogne : je demande quelle corrélation logique on
peut bien établir entre la question spéciale et locale qui nous occupe
et ces entreprises de messageries générales, ce commerce d'impor-
tation et d'exportation pour tous pays ?

D'ailleurs « cent paquets de tapisseries *entre autres choses* », quelles
autres choses ? Des aluns, des cuirs, des harengs ? [1] Et puis quelles
tapisseries, venant d'où ? car il y en a de toute provenance, de toute
espèce, de tout prix, à partir des « couvretoirs de bahuts et de
mulets » à quatre patars l'aune. Si l'on se contente de ces dernières,
l'argument ne prouve pas assez. Si par tapisseries l'on entend ici des
sayettes, il ne prouve rien du tout. Il est vrai que des hautelisses
fabriquées à Arras prouveraient beaucoup plus, mais aussi beaucoup
trop. Deux convois de chacun cent paquets de hautelisses d'Arras !
Comment pourrait-on, si le fait était prouvé, se refuser à reconnaître
que jamais les ateliers de tapisseries ne furent plus nombreux en
cette ville, ni leur industrie plus florissante. Soit, mais alors je
demande que l'on veuille bien répondre aux questions suivantes :

Comment concilier avec cette ère de prospérité exceptionnelle le
silence absolu que nos archives — et elles ne manquent pas de
documents en dehors même des *Registres aux Bourgeois* — gardent
obstinément sur les hautelisses, les hautelisseurs et la tapisserie
d'Arras, alors qu'elles abondent en renseignements sur toutes les
branches similaires de l'industrie textile ? [2]

D'où vient que la corporation des hautelisseurs, qui avait naguère
sa place marquée dans les cortèges et les exhibitions théâtrales des

1 J'ai relevé aux Archives du Nord une vingtaine de sauf-conduits
semblables, datés d'Anvers, Bruxelles, Malines. L'un d'eux est accordé
en 1525 à un bourgeois d'Anvers, un marchand de La Rochelle « et leurs
consorts » pour transporter « épiceries, linges, *cuirs, herencqs, cires,
tapisseries,* bleds, pouldre, boulets, etc. » Un autre autorise la circulation
de cinq chariots chargés « d'alun, garance, *sayette, saye,* vache conrée,
pelleterye ».

2 On ne trouve dans les *Mémoriaux*, pour tout le XVIe siècle, que
deux noms d'ouvriers de tapisserie : en 1536, Lucq Simon, tapissier, natif
de Deinse, près d'Audenarde ; en 1545, Valentin de la Grange, hautelisseur, natif de Tournay. Ce sont deux « bellistres », arrêtés à Arras
en état de vagabondage, et expulsés sous peine de ban. *Mémor.* XIII,
206, 432.

solennités publiques, disparaît avec le XV° siècle, sans qu'on puisse en ressaisir la moindre trace ? [1]

Pourquoi dans la grande ordonnance édictée par Charles Quint sur le métier de tapisserie, en 1544, n'est-il fait aucune mention d'Arras dans la nomenclature des onze villes tapissières, tandis que Lille et Tournai y sont comprises ?

Comment se fait-il qu'en 1561, les échevins obérés — comme aujourd'hui — par la construction de leur nouvel hôtel-de-ville, ne trouvent, après les sayettes, d'autres tissus à imposer que les draps de laine, les velours, les satins, les damas et les taffetas ? [2]

Quelle raison donnera-t-on enfin de ce que, trente ans plus tard, la ville réduite aux abois par les travaux afférents à la canalisation de la Scarpe, forcée d'aliéner ses derniers terrains, de surtaxer les grains et les boissons, d'asseoir un impôt spécial sur toutes les marchandises, oublie encore une fois d'inscrire les tapisseries dans le long catalogue des tissus soumis aux charges nouvelles ? [3]

La seule raison vraisemblable, et la seule vraie, c'est que la hautelisserie avait disparu depuis longtemps pour faire place à d'autres manufactures.

Si donc les sayetteurs d'Arras continuèrent à tisser sur l'estille horizontale, au pied ou à la tire, toutes sortes d'articles courants d'ameublement, plus ou moins exactement qualifiés de tapisseries et confondus à tort avec les produits d'un art bien différent, ce n'est plus à Arras, c'est à Tournai, à Bruxelles, à Audenarde qu'il faut

---

1 La dernière mention se lit en 1499, à l'occasion d'un « hourt » paré de draps de hautelisse. Encore ne paraît-elle concerner que des marchands de tapisseries, et non des ouvriers, car dans la liste de cinquante-deux corps de métiers qui figurent à la procession du 7 juin 1498, il n'est fait aucune mention des hautelisseur. . — *Mémor.* XI, 96, 106, et minute sur papier non cataloguée. — On ne les rencontre pas davantage à la joyeuse entrée de Charles-Quint en 1540, ni parmi les cinquante-quatre professions et corps de métiers qui allèrent à sa rencontre, en 1549, lorsqu'il vint faire reconnaître son fils en Artois. — *Mémor.* XIII, 309 et XIV, 140.

2 Voir le détail des impositions établies pour l'achèvement du boulevart Saint-Michel, le 19 nov. 1561. *Mémor.* XIV, 346.

3 Voir le procès-verbal de l'assemblée de bourgeoisie du 19 oct. 1590 et les impôts votés pour les travaux du Rivage. *Mémor.* XV, 312.

s'adresser tout d'abord, au XVIe siècle et dès la fin du XVe, pour retrouver le lieu d'achat des tentures décoratives conservées dans nos musées ou cataloguées dans les anciens inventaires.

§ VI.

Est-ce à dire, malgré cela, que, même dans cette période de décadence industrielle, il ne soit jamais arrivé qu'un hautelisseur étranger appelé par l'abbé de Saint-Vaast, par le chapitre de Notre-Dame, par un seigneur quelconque, laïque ou autre, ait fabriqué à Arras, tout aussi bien qu'ailleurs, sur commande et sur place, l'une ou l'autre de ces pièces anonymes dont en recherche la provenance ? Il y aurait à le soutenir une exagération manifeste, et comme la contre-partie en sens inverse des affirmations de la thèse que je combats.

Que, par exemple et pour n'en citer qu'un, le maître tapissier Jean Hauwelz, arrivé de Bruges en 1550 en compagnie du maître queux de l'abbé de Saint-Vaast, Jérôme Ruffault [1], et retenu aux gages de ce dernier de 1551 à 1560, ne soit pas venu de si loin uniquement pour rentrayer d'anciennes tapisseries, mais qu'il ait été chargé d'en faire de nouvelles, y compris la portraiture du prélat ; que deux peintres ses collègues, Jacques Prévost et Adrien de Monstrœul, comme lui successivement pensionnaires du même abbé, lui en aient fourni les patrons : parmi les possibilités logiques, je n'en connais pas de plus vraisemblables. Aussi je compte bien apprendre au premier jour que vous avez eu la bonne fortune de rencontrer, dans votre classement du fonds de Saint-Vaast, le commencement de preuve par écrit indispensable à toute hypothèse de ce genre pour qu'elle se change en certitude. Jusque-là on ne peut rien affirmer : une exception ne se présume pas.

1 Son père, Mre Jehan Ruffault, seigneur de Nœufville, conseiller et trésorier-général des finances de Charles-Quint, donna à l'église Saint-Étienne de Lille « quinze pièches de fine tapisserie ouvrée de laisne et » de soie, où est figurée la vie et passion de mondit seigneur saint » Estienne, avec un riche drap d'or d'autel et les gourdines y servant » de taffetaf vermell.... » juillet 1518. Les Arch. du Nord possèdent son testament daté de 1546 et scellé du sceau de Jerosme. *Ch. des comptés,* cartons 587 et 741.

Je me hâte d'ajouter qu'un fait exceptionnel de cette nature et d'autres semblables fussent-ils constatés, et ils le seront, il n'y aurait nullement lieu de s'en prévaloir contre l'opinion que je soutiens; on n'en tirera jamais le moindre argument solide en faveur de la persistance de l'ancienne industrie locale, que tout s'accorde à représenter comme passée depuis longtemps à l'état de glorieux souvenir.

§ VII.

Lors donc que nous voyons, aussi tard qu'en 1560, Arras, par ses échevins, céder aux instances des « doien, maistres et supotz des haultelisseurs et stil de trippe de velours de Tournay » et se joindre à cette ville et à celles de Bruges, Ypres, Valenciennes, Lille, Douai, Orchies, Audenarde, Courtrai, Alost, Termonde, Grammont, Lannoy, dans une requête au souverain contre les hautelisseurs, bourgeteurs et tripiers de velours champêtres , c'est qu'elle avait elle-même obtenu auparavant, contre la sayetterie du dehors, un privilège pareil [1], vivement attaqué depuis, au nom des intérêts ruraux, par le clergé et la noblesse coalisés.

C'est aussi que le tissage de certaines étoffes de bourgeterie rentrait en même temps dans le « style » des hautelisseurs de Tournai, Lille, Lannoy, etc., et dans celui des sayetteurs d'Arras : de là communauté d'intérêts entre ceux-ci et les villes tapissières.

Mais comme malgré tout, ce concours, sollicité au nom seul des intérêts de Tournai, ne fut demandé et accordé que sous condition expresse d'indemnité de tous frais et dépens, rien n'autorise à voir dans l'adhésion d'Arras autre chose qu'un acte de simple condescendance et de bonne confraternité. [2]

---

1 L'ordonnance de Charles-Quint contre les sayetteurs champêtres d'Artois, datée de Bruxelles 3 déc. 1533 (*Mémor.* XIII, 163), donna lieu aux remontrances du clergé et des nobles du 18 oct. 1534. Arch. du Nord, *Ch. des C.*, carton 663.

2 Les lettres de décharge et indemnité des prévôt et jurés de Tournai des 25 et 26 nov. 1560 sont mentionnées au *Mémor.* XIV, 335, et analysées dans l'inventaire manuscrit de 1669. Une ordonnance conforme fut rendue, par suite de ces réclamations, le 13 déc. 1563. *Inv. des Arch. d'Ypres*, orig. parch.

J'ai imprimé la requête et ses annexes dans le *Cart. de la Comm.*

La preuve en effet que cette ville n'avait pas dans l'affaire le genre d'intérêt qu'on lui a supposé, c'est qu'elle avait laissé disparaître, dès avant 1530, l'ancien contrôle officiel du commerce des hautelisses. Le maintien même de l'office dans les cadres de la Vingtaine semble n'avoir été pendant bon nombre d'années qu'une formalité purement nominale, puisque, au lieu d'y préposer, comme autrefois, un hautelisseur homme du métier, on se contentait le plus souvent d'un mercier, d'un sayeteur, d'un échevin quelconque, quand d'aventure on n'oubliait pas d'y pourvoir. [1]

La vente courante était du reste tombée au niveau de la production. Le tonlieu de la hautelisse, mis aux enchères cette année même, n'avait pas trouvé preneur au-dessus de la misérable somme de vingt deniers par an. Encore l'adjudicataire, Pierre Chevalier, ne put-il payer sa ferme ; il mourut insolvable. [2]

§ VIII.

Si les considérations qui précèdent ne suffisaient pas à démontrer que l'industrie des grandes tapisseries décoratives avait complétement disparu d'Arras au seizième siècle, on en trouverait la preuve irrécu-

---

d'*Arras*, 1862, p. 402. Ces documents n'ont point échappé à M. Lecesne, *Hist. d'Arras*, 1880, II. 92. Toutefois l'auteur attribue à tort à l'initiative d'Arras cette démarche collective des villes flamandes provoquée par les *maistres et supots des hautelisseurs* de Tournai, et non pas d'Arras. Il oublie aussi qu'il n'y a pas que des hautelisseurs intéressés dans la requête, mais des bourgeteurs et des tripiers de velours. — Il n'en fallait pas davantage pour altérer le sens et la portée du document. Aussi l'auteur en infère-t-il que l'industrie des tapisseries de hautelisse, qui avait été si florissante à Arras, « déclinait sensiblement *depuis quelques années.* » — On sent ici l'influence fâcheuse de la légende accréditée par les publications de M l'abbé Van Drival. On en retrouve également la trace dans *Arras et l'Artois sous les Archiducs*, par M. G. de Hauteclocque. V. *Mém. de l'Acad. d'Arras*, 1874, II° série, t. VI, 176.

1 Voir les *Mémoriaux* des Arch. comm. — Renouv. de la xx°° à partir de 1500.

2 Arch. du Nord, *Comptes du domaine*, A. 222, 1532-33, f° 200. Ce tonlieu de la hautelisse était perçu d'après le tarif de 1444 appelé du nom du négociateur principal le « Concordat de Nanterre. » Voir *Cart. de la Comm. d'Arras*, 237.

sable dans ce seul fait que de grands efforts furent tentés, dès le commencement du dix-septième, pour parvenir à son rétablissement.

Charles de Wignacourt, conseiller pensionnaire de la ville (1597-1610), donna tous ses soins à cette restauration tant désirée. « Il » s'employa, nous dit son fils Louis, à remettre en usage l'ancienne » manufacture de tapisseries... qui a eu vogue par ci-devant en icelle » ville, ce que fût réussi sy la crainte du temps et des guerres ne » l'eust empêché. »[1]

Les démarches de ce personnage, devenu conseiller au conseil d'Artois, ne furent sans doute pas étrangères à la détermination de Vincent van Quikelberghe, maître tapissier d'Audenarde, qui vint en 1618 s'établir à Arras avec ses deux fils, Emmanuel et Jean. L'échevinage ne lui marchanda ni les encouragements ni l'argent, comme on le voit par la délibération prise sur sa requête : admission gratuite à la bourgeoisie pour lui et les siens, exemption de guet et garde, don de cinquante florins pour payer son loyer, autre allocation semblable pour achat de métiers et apprentissage, toutes les faveurs municipales lui furent accordées.[2] Les documents que je signale

---

1 J'ai publié la requête de Louis de Wignacourt, *Cart. de la Com. d'Arras*, 1862, p. 435.

2 Voici le texte de cette délibération : « Sur la requeste présentée le » cincquiesme de septembre 1618 par Vincent van Quikelberghe, bour- » geois de la ville d'Audenarde, tapisseur de son stil, tendante affin » d'estre admis à exercer son dict stil en ceste ville, Messieurs après » avoir eu l'advis du procureur général de la ville ont résolu d'admettre » ledict Vincent en ceste dicte ville pour exercer ledict stil, ensamble » le recepvoir à la bourgeoisie et ses enffans gratis, l'exempter de guet » et garde sy long temps qu'il continuera en l'exercice de son dict stil, » comme aussy de luy donner cincquante florins pour ayder à payer son » louage après l'an expiré après qu'il aura fait espreuve pardevant » ceulx de la Vingtaine et faict, paroistre la science qu'il at audict stil, » comme il aurait depuis faict et suivant ce a presté le serment de » bourgeoisie gratis. Sy ont esté receu Emanuel et Jean van Quikel- » berghe ses enffans à charge de prester le serment lors qu'ilz seront » en eage. Faict le pénultiesme d'octobre seize cens dix-huit. » *Mémor.* XVII, 66.

» Sur la requeste présentée par Vincent Quycleerbegue tapisseur, et » présent aussy le procureur général de la ville, Messieurs luy ont » accordé L. livres à luy promis, pour une fois seullement, pour se » pourveoir de deux ostils et assister les enffans apprentis. *Reg. aux Rés.* I, 156.

comblent une lacune dans l'histoire de ces tentatives de restaura-ration, renouvelées plus tard avec aussi peu de succès par deux autres tapissiers d'Audenarde, Lelès et Parent, et au siècle suivant, par Plantez, dont j'ai pareillement retrouvé la trace aux archives de la ville et révélé le premier le nom et l'établissement. [1]

Et maintenant qu'importe à la question qu'avant la guerre de 1635 il existât encore à Arras près de quinze cents métiers de tissage, réduits, trente ans plus tard, à sept ou huit, puisque l'arrêt du Conseil du roi qui nous transmet cette statistique rétrospective ne parle que de sayettes et de camelots? Si nous faisions l'histoire de la draperie et de la sayetterie d'Arras, le renseignement sans doute aurait son intérêt, et, dans ces termes, les chiffres cités n'auraient rien que de vraisemblable. Ce qui l'est infiniment moins, c'est de vouloir, pour les besoins de la cause, métamorphoser des camelots en draps de haute-lisse. [2] Quinze cents métiers de tapisserie à Arras en 1640, quand,

----

1 Voir dans *les Tapiss. d'Arras*, 1864, p. 175, deux lettres concernant Plantez, et lire « extraites » du *Cart. de la Comm. d'Arras*, 1862, p. 479 — Inutile d'insister, il y a prescription. Voir note page 35.

2 M. l'abbé Van Drival termine ainsi, à propos d'une tapisserie flamande datée de 1597, qu'il imagine avoir été fabriquée à Arras : « Cette tapisserie peut servir d'épilogue à notre travail... et pourtant » *notre industrie artésienne devait persévérer un demi-siècle encore*, ou » peu s'en faut, dans ses glorieuses traditions des âges anciens. »

» En effet, lors du siège d'Arras par les Français en 1640, *il y avait* » *encore 1500 métiers dans la ville ; ce siège les réduisit à sept ou huit !* » Ces chiffres se trouvent dans plusieurs pièces officielles, notamment » dans une ordonnance royale en date du 7 avril 1665. *C'est donc à ce* » *siège qu'il faut fixer la destruction de nos fabriques de tapisseries..* » Voir *les Tapiss. d'Arras*, 1864, p. 168.

Voici le commencement de l'arrêt sur lequel s'appuie cette étrange conclusion :

« Le Roy étant en son conseil de commerce, s'étant fait représenter » les mémoires présentés à Sa Majesté par les députés du Corps des » métiers de *saicteurs, ouvriers de camelots* et autres manufactures de » la ville d'Arras, contenant qu'avant la déclaration de la guerre, il se » trouvoit dans ladite ville près de quinze cents métiers de toutes sortes » de manufacture, qui faisoient vivre une infinité de peuples et atti- » roient l'abondance au-dedans de ladite ville et du pays et comté » d'Artois et qu'à présent lesdits métiers sont réduits à sept ou huit

en pleine prospérité, l'atelier de Tournai, y compris tout le Tournaisis, n'en comptait au siècle précédent que deux cent cinquante ! Mais alors, n'était-ce pas vraiment bien bon, de la part des échevins d'Arras, que de faire venir tout exprès d'Audenarde un tapissier de plus, pour l'unique plaisir de lui payer sa bourgeoisie, son loyer et deux estilles ?

Il faut pardonner quelque chose sans doute aux entraînements du patriotisme archéologique, mais vous avouerez que, pour le coup, l'abus de l'exégèse a comblé la mesure.

J'aurais bien d'autres choses à vous dire, si nous examinions la question de la hautelisserie d'Arras en la prenant par son autre côté, celui des origines. Mais, pour une première lettre, vous serez sans doute d'avis que celle-ci est suffisamment longue. Nous y reviendrons à une autre occasion.

En attendant, croyez, mon cher Archiviste, à mes meilleurs sentiments.

A. Guesnon.

Lille, 15 avril 1884.

⸻⸺◦◦◦◦⸺⸻

» qui ne donnent à vivre qu'à cinquante ou soixante ouvriers... » Suit le dispositif qui ne dit pas un mot des tapisseries.

Cette pièce a été jointe par Camp à son *Mémoire sur la culture de la garance*, lu le 25 mars 1758 à l'Académie d'Arras, dont la bibliothèque de cette ville possède un exemplaire imprimé.

On lit dans ce mémoire la phrase suivante : « Pendant le cours du » seizième siècle, je ne vois qu'efforts pour parvenir au rétablissement » de nos manufactures. Les registres de l'Echevinage sont remplis de » décisions des souverains, de réglemens et d'ordonnances sur la draperie, la saieterie, *les tapisseries*, la teinture, le lin, la laine » et le fil. » Cette assertion, vraie pour le reste, est absolument gratuite quant à la tapisserie, et M. Camp aurait été fort embarrassé d'en fournir la preuve pour le seizième siècle. Il songeait sans doute aux tentatives faites au siècle suivant, et ne se doutait pas qu'on prendrait son assertion à la lettre.

POST-SCRIPTUM

Tandis que la lettre précédente s'imprimait à Arras, à la suite et comme annexe du mémoire qui l'a provoquée, l'auteur de la thèse en discussion, tenu régulièrement au courant de ce travail, à ce qu'il paraît, n'a pas eu la patience d'en attendre la publication. Il a préféré prendre les devants auprès de l'opinion dans une petite brochure de circonstance, accompagnée d'un nouvel opuscule sur la tapisserie que nous allons examiner tout d'abord.

§ I.

Cet opuscule a pour titre : « *Les Tapisseries d'Arras* », in-8°, p. 81-154. C'est le deuxième fascicule d'une seconde édition de l'ouvrage publié sous le même titre, en 1864; le premier n'a pas encore paru.

L'auteur s'y est efforcé de mettre à jour ses catalogues de haute-lisses historiées, exclusivement empruntés jusqu'ici aux *Ducs de Bourgogne* de De Laborde ; il les complète à l'aide de nouveaux emprunts aux publications plus ou moins récentes de MM. Pinchart et Guiffrey, l'abbé Dehaisnes, De Boyer de Ste-Suzanne, aux Inventaires sommaires, etc. Nous n'avons pas, pour le moment, à nous occuper de cette compilation.

Dans le même fascicule, l'auteur a reproduit cette liste de haute-lisseurs d'Arras tirée des *Registres aux Bourgeois*, déjà éditée par lui en 1877, et dont il a été question plus haut. Celle-ci n'est pas identique à la première. Grâce à la liste publiée par M. Pinchart dans l'*Histoire générale de la Tapisserie*, M. Van Drival a pu combler certaines lacunes en lui empruntant silencieusement trois haute-lisseurs nouveaux, oubliés par lui jusqu'à présent : Jehan Descamps dit Maubœge (1431), Willame Bertran (1443), Jacquemart Destriers (1455), — sans parler de quelques rectifications de lectures fautives. Cette opération terminée, l'auteur se borne à critiquer la liste dont il s'est servi ; il y signale deux omissions et des erreurs de transcription, échappées, en effet, à M. Pinchart dans le dépouillement précipité qu'il dut faire de ces mêmes Registres, lors de son passage à Arras, en 1858.

Sa liste ainsi complétée et rectifiée, M. Van Drival, qui a eu tout le loisir et toutes les facilités désirables pour l'établir d'une façon irréprochable et définitive, triomphe en ces termes : « Nous avons pu » dresser une liste authentique et officielle de soixante-seize *artistes*, » *maîtres* reçus bourgeois..... Nous avons dressé notre nomen- » clature sur les originaux, avec le plus grand soin. M. l'archiviste » du département et M. l'archiviste de la ville ont eu ensuite la » bonté de la réviser. Il serait difficile d'être plus complet et plus » exact. »

Je regrette de ne pouvoir m'associer à un optimisme aussi peu justifié. D'abord les soixante-seize hautelisseurs de la liste nouvelle, se réduisent à soixante et onze, quatre noms ayant été comptés deux fois, et le cinquième appartenant à un échevin, indûment travesti en hautelisseur pour faire nombre.

Ensuite, malgré l'appel en garantie résultant d'une double colla-boration, je ne crains pas d'affirmer que la liste de M. Van Drival n'est ni exacte ni complète, et je le prouve :

Elle n'est pas exacte, car, outre qu'elle indique toujours l'année 1447 comme manquant au Registre, ce qui n'est pas, et qu'elle porte neuf fois la qualification insolite de *maistre bourgeois*, fausse lecture pour *nostre bourgeois*, qui sert de base à toute une théorie, j'y relève de graves erreurs de transcription dont voici l'erratum :

	Au lieu de	Lisez
Pier (trois fois répété)		Pieret.
Miguel Bernart,		Miquiel.
Willes Doisemont,		Willemet.
Alaine le Fiel,		Alame (Aleaume).
Anne de *Bouuy*,		Bommy.
Jehan *Maulone*,		Mauloué.
Pier Troncquel,		Pieret Trucquel.
Nich Jacotin du Mur,	supprimez	*Nich.*
Jaquemart *Cosset*,		J. Le Fort.
N˚ *Fere* (devenu *Fevez*, p. 108),		Jehan Feré.
Jehan *Fere*,		
Jehan de *Laire*,		De Lattre.
Anthonin *Coine*,		Trule.
Jenynot de le Planque,		Jennynot (Jehenninet)
Villefau de le Planque,		Willesart.
Riflart Gallebran,		Rifflart Hallebran.

On voit par ce qui précède, que cette liste ne brille pas précisément par l'exactitude diplomatique.

J'ai ajouté qu'elle était incomplète. M. Van Drival, en effet, dans son dépouillement des *Registres aux Bourgeois*, n'a pas omis moins de dix-neuf noms de hautelisseurs, qualifiés tels, et cela en sus des trois noms empruntés à M. Pinchart, ce qui porte le chiffre des omissions à plus d'un quart du chiffre total de sa liste. Voici ces noms par ordre chronologique depuis 1425 jusqu'à 1509 :

Jeh. as Auls.
Jeh. as Rozes.
Jeh. Harache.
Gillot Postel.
Pieret Brodoul.
Adam de Villers.
Gillot Testart.
Robert Hallebran
Colart Juliien.
Regnault Mauloué.
Jeh. de Marchiennes.

Jehennin de Vilers.
Will. de Vilers.
Colart de Menricourt.
Michault de May.
Emanuel le Feusele.
Alixandre Sarrasin.
Philippot de St-Ylaire.
Petit Jeh. Huguet.

L'addition de ces vingt-deux noms aux soixante-huit (au lieu de soixante-dix) de la liste primitive, modifient nécessairement les chiffres de la statistique décroissante que j'ai établie ci-dessus, page 11, mais ils n'en changent en rien la proportionnalité, et la conclusion reste identiquement la même. Sur les quatre-vingt-dix noms de la liste complétée, cinquante-deux appartiennent à la première période de vingt ans (1423-1442), vingt-et-un à la suivante (1443-1462), huit seulement à la troisième (1463-1482), les neuf derniers, y compris deux *tapissiers*, sont répartis sur tout un demi-siècle (1483-1534).

Conclusion : En ajoutant à sa nomenclature ces hautelisseurs inédits, avec une cinquantaine d'autres qu'il trouvera en dehors des *Registres aux Bourgeois*, mais moins aisément, plus les nombreux contingents du siècle antérieur, M. Van Drival pourra peut-être annoncer, dans une troisième édition de son livre, cette liste « exacte et complète » qu'on chercherait en vain dans la seconde édition, publiée, comme on le voit, prématurément.

§ II.

L'autre brochure, que vient de faire paraître M. le chanoine Van Drival, a pour titre : *Des tapisseries de haute-lice à Arras après Louis XI. — Question historique.* In-8°, p. 1-19.

L'auteur déclare qu'il a recueilli des « preuves nouvelles, docu- » ments d'archives et autres » à l'appui de sa thèse, et qu'il croit

utile de les imprimer dès maintenant, « *afin de ne pas laisser l'opinion s'égarer dans des idées qu'il regarde comme une erreur historique.* »

Je ne sais ce qu'en pensera l'opinion , mais elle est généralement
quelque peu méfiante à l'endroit de la réclame. Il pourrait donc très
bien se faire qu'elle ne vît, dans cette réponse avant la lettre ,
qu'un excès de précaution, *nimia precautio* ——— comme dit le
brocard de l'éccle.

Quoi qu'il en soit, examinons ces « preuves nouvelles ».

PREMIER ARGUMENT. [1] — La fourniture de draps de hautelisse faite
par Jean de Villers en 1491. Nous la connaissons depuis vingt ans ;
passons.

SECOND ARGUMENT.[2] — Encore une fois les *Registres aux Bourgeois*,
avec quelques mentions insignifiantes de 1493 à 1514, à savoir :
quatre anciens hautelisseurs, dont trois sont morts, représentés par
deux veuves et deux fils *saieteurs*, transfuges du métier paternel , et
pour cause ; plus, en 1529 et 1534, deux *tapissiers*, dont la profession même reste indéterminée : voilà, si l'opinion n'est pas trop
difficile, ce qui devra suffire à la convaincre de la persistance de l'industrie des hautelisses à Arras, depuis la réduction de cette ville
par les Bourguignons en 1492, jusque par-delà le règne de Charles-
Quint !

TROISIÈME ARGUMENT.[3] — Nous sommes transportés d'un bond en
1560, avec réédition de la requête des Tournaisiens, vieil argument,
qu'on pourrait appeler le *clou* de la démonstration. Après l'avoir
reproduit trois fois dans dix pages, et cité M. Lecesne à l'appui de
son opinion, l'auteur conclut ainsi : « Il y avait donc en 1560 des
» hautelisseurs à Arras et même dans les villages à l'entour. Ce
» sont même *les doiens* (sic), *maîtres et supotz des hautelisseurs* qui

---

1 Voir la brochure, p. 18, premier alinéa.

2 *Ibidem*, p. 7 et 8.

3 *Ibidem*, p. 9 , dernier alinéa et page suivante ; p. 14, deuxième alinéa
et suivants ; page 18, deuxième alinéa. Comparer ci-dessus page 24. note 2.

» ont envoyé la requête dont on vient de parler..... Nous voyons la
» corporation des hautelisseurs continuer d'être établie à Arras avec
» ses *Doyens* (sic), *maîtres et suppots* en 1560. »

L'auteur me permettra de le lui dire, c'est lui qui égare l'opinion en dénaturant ainsi les textes. Les *Doyen, maîtres et suppots des
hautelisseurs d'Arras* n'ont jamais existé que dans son imagination. Il
confond l'adresse de la lettre avec la signature, l'envoyeur avec le
destinataire, les *hautelisseurs de Tournai* avec les échevins d'Arras.
Il prend une ville pour l'autre, et ne s'aperçoit pas que toute son
argumentation s'applique au Tournaisis. Il n'a donc pas même vu le
document dont il parle ?

QUATRIÈME ARGUMENT.[1]— De 1560 à 1618, lacune complète. A cette
dernière date, nous nous retrouvons en présence de notre Van Quikelberghe, estropié en *Guikelberghe*, et mandé d'Audenarde tout
exprès pour prouver à la postérité que, même quand on ne faisait
plus de hautelisses à Arras, on en faisait encore ——— en Flandre.
Singulière logique que celle qui invoque une tentative de recons-
truction pour prouver que la maison est toujours restée debout !

CINQUIÈME ARGUMENT.[2] — Un certain *Giacomo della Riviera*, ou
Jacques de la Rivière, dirigeait une fabrique de tapisseries à Rome,
vers 1630. Ni M. Müntz, qui l'a révélé, ni M. Barbier de Montault, qui
a étudié sa signature et ses œuvres, ne possèdent le moindre renseignement sur la vie, les antécédents et l'origine de cet artiste.
Le premier le croit Italien, le second pense qu'il était Français.
M. Van Drival sait mieux. Il a découvert dans ce *Jacques de la
Rivière* « un nom on ne peut plus atrébate »; donc le directeur *della
fabbrica di arazzi* devait être d'Arras. Mais, poursuit l'auteur, « *pour
venir d'Arras diriger cet atelier, il fallait qu'il eût appris son* stil *en
Artois* »; donc l'industrie des tapis était alors en vigueur à Arras et
dans les environs. L'impression de cette dialectique n'est-elle pas
vraiment irrésistible?

1 *Ibidem*, p. 10, troisième et quatrième alinéa.

2 *Ibidem*, p. 17, premier alinéa.

Sɪxɪéme et dernier argument.[1] — Un mauvais poème français, composé au dix-huitième siècle à la louange de l'abbaye du Vivier, nous dépeint les religieuses se livrant, à partir du XIV° siècle, à toutes sortes de travaux de broderie, et confectionnant, pour l'ornementation de leur église, des tapis en *point de haute-lice*. Il mentionne en outre le don fait au couvent, en 1506, d'un superbe *frontal de point fait à l'étile*. Donc, selon l'auteur, « *point de haute-lice* et *point fait à l'étile* sont chose identique. » Et de plus, comme les religieuses de Wancourt « habitaient souvent Arras, » la permanence de l'industrie des hautelisses dans cette ville ne saurait faire l'ombre d'un doute.

Tel est l'exposé fidèle des faits nouveaux et des documents d'archives recueillis par l'auteur. On voit qu'ils n'ajoutent pas le moindre élément de preuve aux arguments déjà produits, et la penurie même des témoignages qu'on est réduit à invoquer démontre, plus clairement que tout le reste, l'inanité de la thèse qu'ils sont appelés à défendre.

En parcourant le t. X, 2° série des *Mém. de l'Académie d'Arras*, année 1879, pour vérifier dans les *Inventaires* de Mgr X. Barbier de Montault les transcendances étymologiques relatives au tapissier *Jacques de la Rivière*, je trouve, page 234, une note qu'on ne s'attendrait pas à rencontrer à cette place, car aucun lien naturel ne la rattache à ce qui précède.

Sous la rubrique inusitée *Note de l'Académie d'Arras*, on a reproduit deux documents, les plus importants qui aient encore été signalés sur la question des origines des hautelisses d'Arras, puisqu'ils constatent formellement l'existence de cette fabrication dès l'année 1313. L'un est un mandement de la comtesse Mahaut d'Artois, l'autre une quittance d'Ysablaus Caurrée, dite de Hallennes.

D'après la note, ces documents auraient été « découverts, il y a peu de temps, par M. Richard dans les Archives du Pas-de-Calais,« et l'auteur des *Tapisseries d'Arras*, page 82 de la seconde édition, deuxième fascicule, reproduisant cette assertion, publie de nouveau les deux pièces au milieu de ses autres emprunts à une lecture faite à la Sorbonne, en avril 1879. par M. le chanoine Dehaisnes, sous ce titre : *La tapisserie de haute lisse à Arras avant le XVᵉ siècle*.

1 *Ibidem*, p. 11 et suiv.

L'auteur des *Tapisseries d'Arras* prouve, à chaque ligne, qu'il connaît à fond la publication de M. Dehaisnes ; il l'a sous les yeux, il la copie, il en cite le titre et l'auteur au bas de la page 83.

Il y a donc nécessairement lu ce qui suit :

« **Ces deux documents ont été publiés, en 1865, par M. Guesnon,**
» **dans sa Sigillographie de la ville d'Arras (page 16). M. J.-Richard,**
» **ancien archiviste du Pas-de-Calais, les a analysés dans le pre-**
» **mier volume de l'Inventaire sommaire des Archives départe-**
» **mentales du Pas-de-Calais.** »

D'où il résulte à l'évidence, que, lorsque l'auteur déclarait au nom de l'Académie d'Arras, et répétait plus tard dans son ouvrage que les documents publiés par lui avaient été « découverts, il y a peu de temps, » il ne pouvait ignorer qu'ils avaient été publiés in-extenso, à Arras, treize ans avant les analyses de l'*Inventaire sommaire*, et que par conséquent il créait sciemment des titres de propriété fictifs au détriment du premier occupant.

On peut se laisser enlever Plantez sans rien dire ; mais pour Isablaus Caurrée, c'est différent, je la revendique.

Et maintenant que va dire l'opinion, que l'on craignait tant de « laisser s'égarer ? » Que pensera-t-elle, en général, de ces procédés d'expropriation, de ces petites pirateries sous pavillon académique, et, en particulier, des hauts dignitaires de la « république des lettres ? » Quelles lettres ? lettres de marque ——— ou de *démarque ?* Ce mot m'échappe ; il est mauvais, mais démarquer les noms vaut-il mieux ?

A l'opinion de répondre : elle a la parole.

10 juillet 1884.